AF305867

SUCCESSION

DE

# M. FÉLIX GERARD père

# Aquarelles et Dessins

## MODERNES

## DESSINS ANCIENS

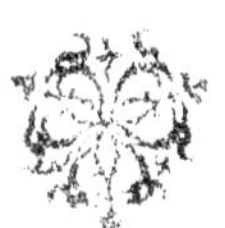

Paris, 1905

# CATALOGUE



# Aquarelles et Dessins

## MODERNES

**PAR**

INGRES, BONVIN, CHAPLIN, COROT, COURBET, DAUBIGNY, DAUMIER
DIAZ, JULES DUPRÉ, ISABEY, JACQUE, LAMBERT, MEISSONIER, MÉNARD, MILLET
DE NEUVILLE, STEVENS, VERBOECKOVEN

# DESSINS ANCIENS

DONT LA VENTE

*Par suite du décès de M. FÉLIX GERARD père*

AURA LIEU A PARIS

## HOTEL DROUOT, Salle N° 7

### Le Lundi 19 Juin 1905

*à 2 heures précises*

---

COMMISSAIRES-PRISEURS

**Mᵉ P. CHEVALLIER** | **Mᵉ HENRI MAUGER**
10, rue Grange-Batelière, 10 | 16, rue de Berlin, 16

EXPERTS

**M. GEORGES PETIT** | **M. JULES FÉRAL**
8, rue de Sèze, 8 | 7, rue Saint-Georges, 7

---

## EXPOSITION PUBLIQUE

Les Samedi 17 et Dimanche 18 Juin 1905, de 1 h. 1/2 à 5 h. 1/2

## CONDITIONS DE LA VENTE

Elle sera faite au comptant.

Les acquéreurs paieront *dix pour cent* en sus des enchères.

Paris. — Imp. Georges Petit, 12, rue Godot-de-Mauroi. — 15236-07.

# DESSINS ANCIENS

## DEVERIA

I — *Les Deux Foscari.*

Signé à droite, en bas : *Deveria fecit.*

Haut., 19 cent.; larg., 26 cent.

## GLOVER (John)
(1767-1849
DE LA ROYAL WATER COLOURS SOCIETY

2 — *Pâturage en avant des ruines.*

Aquarelle.

Haut., 41 cent.; larg., 60 cent.

## LEBARBIER

3 — *Renaud et Armide.*

Dessin au lavis.

Haut., 26 cent.; larg., 32 cent.

## LEPRINCE

4 — *Deux personnages de tragédie.*

L'un est signé à droite, en bas : *1768;* l'autre à gauche, en bas.

Lavis.

Haut., 10 cent. 1/2 ; larg., 9 cent.

## MOREAU (Louis)

5 — *Bateaux de pêche.*

Aquarelle.

Haut., 11 cent.; larg., 14 cent.

## MOREAU (Louis)

6 — *La Chaumière dans la vallée.*

Aquarelle.

Haut., 11 cent.; larg., 14 cent.

## VANLOO (Carle)

7 — *Le Mariage de la Vierge.*

Dessin à la sanguine rehaussé de blanc.

Signé à droite, en bas : *C. V.*

Carton. Haut., 50 cent. ; larg., 35 cent.

## VIGÉE-LEBRUN (Attribué à M^me)

8 — *Portrait d'homme.*

Pastel.

Haut., 48 cent.; larg., 40 cent.

## ÉCOLE FRANÇAISE (XVIII<sup>e</sup> siècle)

9 — *Le Tombeau de J.-J. Rousseau, à Erme-*
*nonville.*

Aquarelle.

Haut., 20 cent.; larg., 24 cent.

## ÉCOLE FRANÇAISE (XVIII<sup>e</sup> siècle)

10 — *Le Luxembourg à la fin du XVIII<sup>e</sup> siècle.*

Dessin à la mine de plomb.

Haut., 28 cent.; larg., 32 cent.

# AQUARELLES & DESSINS
## Modernes

---

### BOUDIN

11 — *Les Frégates, à Fécamp.*

> Deux feuillets dans un même cadre.
> Aquarelles.
> Signé à gauche, en bas, du timbre de la vente.

### BOURGOINT

12 — *Bois-le-Roi.*

> Aquarelle.
> Signé à droite, en bas, avec une dédicace en vers, à
> Girard.
>
> Haut., 25 cent.; larg., 37 nt. 1/2.

### DOLL (H.)

13 — *Effet de neige.*

> Aquarelle.
> Signé à droite, en bas : *H. Doll.*
>
> Haut., 20 cent.; larg., 27 cent

## DORÉ (Gustave)

14 — *Les Hamadryades.*

> Aquarelle (esquisse).
>
> Signé à droite, en bas, du timbre de la vente.
>
> Haut., 52 cent ; larg., 64 cent.

## INGRES

15 — *Le cardinal Bibiena fiance sa nièce à Raphaël.*

> Aquarelle.
>
> Signé à gauche, en bas, et daté à droite : *1864.*
>
> Haut., 19 cent. ; larg., 15 cent.
>
> *Collection de M^me Carvalho.*

## KEYSER (D.)

16 — *La Lettre.*

> Aquarelle.
>
> Signé à droite, en bas : *1841.*
>
> Haut., 26 cent.; larg., 19 cent.

## PAGLIANO

17 — *La Partie de grâces.*

> Aquarelle.
>
> Haut., 38 cent.; larg., 24 cent.

## ROUSSEAU (Th.)

18 — *Le Mont Blanc, vu du lac Léman.*

> Aquarelle.
>
> Signé à droite, en bas, du monogramme.
>
> Haut., 15 cent.; larg., 45 cent.

## SELING

19 — *La Vieille tricoteuse.*

> Aquarelle.
>
> Signé à droite, en bas.
>
> > Haut., 21 cent.; larg., 13 cent.

## STURGESS

20 à 23 — *Les Mail-coaches.*

> Quatre aquarelles.
>
> Signées et datées : *1873.*
>
> > Haut., 14 cent.; larg., 27 cent.

## THORNLEY

24 — *Le Pont-Royal.*

> Aquarelle.
>
> Signé à droite, en bas.
>
> > Haut., 22 cent.; larg., 22 cent. 1/2.

## THORNLEY

25 — *Paysage du Midi.*

> Aquarelle.
>
> Signé à droite, en bas.
>
> > Haut., 38 cent.; larg., 54 cent. 1/2.

## WILDER

26 — *Autour de l'église.*

> Aquarelle.
>
> . Signé à gauche, en bas : *1901.*
>
> > Haut., 32 cent.; larg., 50 cent.

## WILDER

27 — *Le Pré devant les fermes.*

Aquarelle.

Signé à gauche, en bas : *1901.*

Haut.. 32 cent.; larg., 50 cent.

## WILDER

28 — *Marée haute.*

Aquarelle.

Signé à droite, en bas : *1901.*

Haut., 32 cent.; larg., 47 cent. 1 2.

## WILDER

29 — *Le Grand porche de la cathédrale.*

Aquarelle.

Signé à droite, en bas : *1901.*

Haut., 49 cent.; larg.. 31 cent.

## WILDER

30 — *Les Bretonnes au marché.*

Aquarelle.

Signé à gauche, en bas : *1901.*

Haut., 32 cent.; larg., 42 cent.

## WILDER

31 — *Les Falaises.*

Aquarelle.

Signé à droite, en bas : *1901*

Haut.. 32 cent.; larg., 50 cent.

## WILDER

32 — *La Voile rouge.*

Aquarelle.

Signé à gauche, en bas.

Haut., 33 cent.; larg., 49 cent.

## WILDER

33 — *Le Vieux clocher.*

Aquarelle.

Signé à gauche, en bas : *1901*.

Haut., 32 cent.; larg., 50 cent.

## WILDER

34 — *La Vieille ruelle.*

Aquarelle.

Signé à gauche, en bas : *1901*.

Haut., 49 cent.; larg., 33 cent

## WILDER

35 — *La Cathédrale.*

Aquarelle.

Signé à gauche, en bas : *1901*.

Haut., 49 cent.; larg., 32 cent.

## WILDER

36 — *La Cathédrale de Saint-Lô.*

Aquarelle.

Signé à droite, en bas : *1901*.

Haut., 49 cent.; larg., 32 cent.

## WILDER

37 — *Les Bavardes au marché.*

> Aquarelle.
> Signé à droite, en bas.

> Haut., 31 cent.; larg., 50 cent.

## WILDER

38 — *Barques de pêche à marée basse.*

> Aquarelle.
> Signé à gauche, en bas : *1900*.

> Haut., 52 cent.; larg., 49 cent.

## WILDER

39 — *Marché en Bretagne.*

> Aquarelle.
> Signé à droite, en bas : *1901*.

> Haut., 32 cent.; larg., 50 cent.

## WILDER

40 — *Le Porche de la vieille église.*

> Aquarelle.
> Signé à gauche, en bas : *1901*.

> Haut., 50 cent.; larg., 32 cent.

## WILDER

41 — *Le Jour du marché, à Lisieux.*

> Aquarelle.
> Signé à gauche, en bas.

> Haut., 31 cent. 1/2; larg., 42 cent.

## WILDER

42 — *La Vanne.*

Aquarelle.

Signé à droite, en bas : *1901.*

Haut., 32 cent.; larg., 49 cent.

## WILDER

43 — *Le Chevet de l'église de Tréguier.*

Aquarelle.

Signé à gauche, en bas : *1901.*

Haut., 3o cent.; larg., 47 **cent.**

## WILDER

44 — *Le Sentier devant les chaumières.*

Aquarelle.

Signé à droite, en bas : *1901.*

Haut., 32 cent.; larg., 5o **cent.**

## WILDER

45 — *Les Voiles claires.*

Aquarelle.

Signé à gauche, en bas : *1901.*

Haut., 33 cent.; larg., 49 **cent.**

## WILDER

46 — *Le Soleil couchant sur la cathédrale.*

Aquarelle.

Signé à gauche, en bas : *1901.*

Haut., 32 cent.; larg., 5o **cent.**

## WILDER

47 — *Barques de pêche, effet du matin.*

> Aquarelle,
>
> Signé à gauche, en bas : *1901.*

Haut., 32 cent.; larg., 5o cent.

## WILDER

48 — *Les Vagues.*

> Aquarelle.
>
> Signé à gauche, en bas : *1901.*

Haut., 33 cent.; larg , 47 cent. t 2.

# DESSINS

## BAYARD (Émile)

49 — *Une Séance à l'Académie française.*

Lavis.

Haut., 24 cent. 1/2; larg., 22 cent

## BERCHÈRE

50 — *La Fontaine, à Nazareth.*

Sépia rehaussée de blanc.

Signé à droite, en bas : *Berchère.*

Haut., 19 cent.; larg. 11 cent

## BONVIN

51 — *L'Escalier.*

Lavis.

Signé à gauche, vers le milieu, avec cette dédicace

*A mon bon ami Boussaton. C. Bonvin et C*<sup>ie</sup>*.*

Haut., 39 cent.; larg., 28 cent.

# BOUDIN

52 — *Intérieur.*

Dessin au crayon.

Signé à droite, en bas, du timbre de la vente.

Haut., 23 cent; larg., 33 cent

# CHAPLIN (Ch.)

53 — *Coquetterie.*

Étude pour le tableau : *Coquetterie.*

Sur la robe de la jeune femme, trois roses en couleur, et dans les cheveux, un ruban bleu.

Dessin au crayon.

Signé à gauche, en bas.

Haut., 34 cent. 1/2; larg., 26 cent.

# CHARLET

54 — *Le Ressemeleur.*

Dessin au crayon rehaussé d'aquarelle.

Signé à droite, en bas.

Haut., 14 cent. 1/2; larg., 11 cent.

# COROT

55 — *Vue prise du Colisée.*

Daté : 1827.

Dessin à la mine de plomb.

Signé à gauche, en bas, du timbre de la vente.

Haut., 21 cent.; larg., 38 cent.

## COROT

### 56 — *La Fin du jour.*

Au bord de l'étang, quelques arbres, puis les fermes aux toits élevés. Dans l'eau, des vaches prennent le frais.

A gauche, un bouquet d'arbres derrière lesquelles on aperçoit le faîte d'une construction.

A droite, la berge, dont le terrain se relève et est dominé par un massif d'arbres. Au fond, sur la campagne, un ciel blond, léger, transparent, immense.

Dessin au crayon.

Signé à gauche, en bas, du timbre de la vente.

Haut., 38 cent.; larg., 47 cent.

## COROT

### 57 — *L'Abbaye.*

Dessin au crayon, avec quelques reprises de sanguine et de blanc.

Signé à gauche, en bas, du timbre de la vente.

Haut., 39 cent.; larg., 54 cent.

## COROT

### 58 — *Varese.*

Dessin panoramique, à la mine de plomb, avec quelques reprises de bistre et de blanc.

Signé à gauche, en bas, du timbre de la vente.

Haut., 42 cent.; larg., 54 cent.

## COROT

### 59 — *Aux Environs de Rome.*

Dessin à la mine de plomb, avec quelques reprises de blanc.

Signé à gauche, en bas, du timbre de la vente.

Haut., 40 cent.; larg., 55 cent.

## COROT

60 — *Royal.*

> Dessin à la mine de plomb.
>
> Signé à gauche, en bas, du timbre de la vente.
>
> Haut., 43 cent.; larg., 55 cent.

## COROT

61 — *Souvenir de Coubron.*

> Une voûte de verdure, dont l'extrémité s'ouvre sur un ciel clair. A droite et à gauche, des arbres aux branches enlacées: de place en place, à travers les frondaisons, filtrent de beaux rayons ensoleillés. Aux premiers plans, une bûcheronne s'éloigne, portant sous son bras son maigre fagot.
>
> Dessin au crayon et fusain.
>
> Signé à gauche, en bas, du timbre de la vente.
>
> Haut., 70 cent.; larg., 47 cent.

## COROT

62 — *Le Cimetière.*

> Dessin au crayon.
>
> Signé à gauche, en bas, du timbre de la vente.
>
> Haut., 34 cent.; larg., 24 cent.

## COROT

63 — *Tête de paysan.*

> De trois quarts à droite, le front en partie caché par les cheveux en désordre, le cou ridé, le nez puissant, la lèvre dédaigneusement fière, le regard fixe, la barbe hirsute et courte. Une grande lumière vient caresser le front et la joue droite. Le vêtement est sommairement indiqué : une chemise blanche en toile molle, à col rabattu.
>
> Signé à gauche, en bas, du timbre de la vente.
>
> Haut., 25 cent.; larg., 22 cent.

## COROT

64 — *La Cascade de Tivoli.*

En haut, on aperçoit le temple de Vesta.
Dessin à la mine de plomb, avec des rehauts de blanc.

Signé à gauche, en bas, du timbre de la vente.

Haut., 36 cent.; larg., 28 cent.

## COROT

65 — *La Seine, à Mantes.*

Dessin à la mine de plomb.
Signé à gauche, en bas, du timbre de la vente.

Haut., 25 cent.; larg., 32 cent 1/2.

## COROT

66 — *Abbeville.*

Dessin à la mine de plomb.
Signé à gauche, en bas, du timbre de la vente.

Haut., 28 cent.; larg., 40 cent.

## COROT

67 — *Civita Castellana.*

A droite, en bas, on lit : *Civita Castellana, septembre 1827.*
Signé à gauche, en bas, du timbre de la vente.

Haut., 28 cent.; larg., 35 cent.

## COROT

68 — *La Musique.*

Croquis pour le tableau allégorique du musée de Chantilly.

Signé à gauche, en bas, du timbre de la vente.

Haut., 26 cent.; larg., 35 cent.

## COROT

69 — *Le Puits.*

Dessin à la mine de plomb.

Signé à gauche, en bas, du timbre de la vente.

Haut., 25 cent ; larg., 36 cent.

## COROT

70 — *Le Monastère.*

Signé à droite, en bas : *Corot.*

Haut., 22 cent.; larg., 34 cent.

## COROT

71 — *Le Vieil étang, le matin.*

Dessin au crayon, avec quelques rehauts de blanc.

Signé à gauche, en bas, du timbre de la vente.

Haut., 19 cent.; larg., 29 cent.

## COROT

72 — *Bateau de pêche, environs de Naples.*

Croquis à la mine de plomb.

Signé à gauche, en bas, du timbre de la vente.

Haut., 20 cent.; larg., 26 cent.

## COROT

73 — *La Montagne.*

Croquis à la mine de plomb.

Signé à gauche, en bas, du timbre de la vente.

Haut., 21 cent.; larg., 31 cent.

## COROT

74 — *Petite Ville.*

Dessin à la mine de plomb.

Signé à gauche, en bas.

Haut., 20 cent.; larg., 21 cent.

## COROT

75 — *Le Vieux saule.*

Croquis à la plume, avec reprises de lavis.

Haut., 13 cent.; larg., 10 cent.

## COURBET (G.)

76 — *Portrait de Breuil, gardien à la maison de justice de Versailles.*

Signé à gauche, en bas : *G. Courbet.*

Daté à droite, en bas : *1871.*

A été reproduit dans la *Vie moderne.*

Haut., 19 cent; larg., 14 cent.

## COURBET (G.)

77 — *Dans la prairie.*

Toutes les deux viennent de cueillir des fleurs, et, lassées, elles se sont assises au pied d'un arbre et se sont endormies, l'une appuyant sa tête sur la poitrine de l'autre.

Dessin au crayon.

Signé à droite, en bas : *G. Courbet.*

Haut., 45 cent.; larg., 54 cent.

## COUTURE (Louis)

78 — *L'Amour de l'or.*

Dessin au crayon, avec quelques rehauts de blanc.

Haut., 13 cent.; larg., 17 cent. 1/2.

## DAUBIGNY

79 — *Bords de rivière.*

Dessin à la sanguine.

Haut., 22 cent.; larg., 42 cent.

## DAUBIGNY

80 — *Le Printemps.*

Dessin pour l'eau-forte.

Dessin à la mine de plomb.

Signé à droite, en bas : *C. Daubigny.*

Haut., 11 cent; larg., 24 cent.

## DAUBIGNY

81 — *Études de canards.*

Croquis à la mine de plomb.

Daté à droite, en bas : *Andelys, 1873.*

Haut., 13 cent.; larg., 24 cent.

## DAUBIGNY

82 — *La Cueillette des pommes.*

Croquis au crayon.

Haut., 27 cent. ; larg., 37 cent.

## DAUBIGNY

83 — *Le Transfert des orangers aux Tuileries.*

Croquis au crayon.

Signé à gauche, en bas : *1865.*

Haut., 24 cent.; larg., 33 cent.

## DAUMIER

84 — *Deux Avocats.*

Dessin à la plume, avec rehauts de sépia.

Haut., 26 cent.; larg., 21 cent.

## DAUMIER

85 — *Le Sommeil de Paillasse.*

Il est assis sur son tambour et dort, la tête penchée en avant.

Dessin rehaussé de lavis.

Signé à droite, en bas : *H. D.*

Haut., 18 cent.; larg., 11 cent.

## DECAMPS

86 — *Le Médecin de campagne.*

Dessin à la plume.

Haut., 17 cent.; larg., 24 cent.

*Collection Coutant-Hauguet.*

## DELRIEUX

87 — *La Marchande de jouets.*

>    Caricature politique.
>    Aquarelle.
>    Signé à droite, en bas : *Delrieux, 70.*

>                    Haut., 31 cent.; larg., 18 cent.

## DIAZ

88 — *Nymphes et baigneuses.*

>    Dans un même cadre, quinze croquis à la mine de plomb, sur papier calque.

## DIAZ

89 — *Ciel d'orage.*

>    Croquis à la plume, rehaussé de lavis.
>    Signé à droite, en bas

>                    Haut., 6 cent.; larg., 10 cent.

## DIAZ

90 — *Sous bois.*

>    Dessin à la mine de plomb, avec reprises de plume.
>    Signé à droite, en bas : *N. D.*

>                    Haut., 8 cent. 1/2; larg., 14 cent.

## DIAZ

91 — *Les Arbres à l'entrée de la forêt.*

>    Croquis à la mine de plomb.
>    Signé à droite, en bas : *N. D.*

>                    Haut., 8 cent. 1/2; larg., 14 cent.

## DUPRÉ (Jules)

92 — *Bœufs et moutons au pâturage.*

Dessin au crayon avec quelques rehauts de blanc.
Signé à droite, en bas, du timbre de la vente.

Haut., 27 cent.; larg., 41 cent.

## FLERS

93 — *Le Moulin.*

Pastel.
Signé à gauche, en bas.

Haut., 33 cent.; larg., 63 cent.

## GROUX (Henri de)

94 — *L'Épave! (profil de femme).*

Pastel.
Signé à gauche, en bas : *Henri de Groux, 92.*

Haut., 60 cent. ; larg., 45 cent.

## INCONNU

95 — *Portrait de femme.*

Dessin de forme ovale.

Haut., 36 cent.; larg., 27 cent. 1/2.

## ISABEY (Eug.)

96 — *Barque de pêche à sec, à Étretat.*

Dessin rehaussé de couleur.
Signé à gauche, en bas : *E. I.*

Haut., 22 cent.; larg., 29 cent.

## JEANRON

97 — *Insurgé blessé.*

> Dessin au crayon.
> Signé à droite, en bas.

> Haut., 30 cent.; larg., 25 cent.

## LAMBERT (Eugène)

98 — *Une Famille de chats.*

> Dessin au crayon.
> Signé à gauche, en bas.

> Haut., 30 cent.; larg., 44 cent.

## LAMBERT (Eugène)

99 — *Caprice de chats.*

> Dessin à la mine de plomb.
> Signé : *L.-Eug. Lambert.*

> Haut., 30 cent.; larg., 45 cent. 1/2.

## LAMY (Eug.)

100 — *Croquis d'officiers à cheval.*

> Croquis à la mine de plomb.

> Haut., 15 cent.; larg., 20 cent.

## MADOU

101 — *La Mégère.*

> Sépia.
> Signé à droite, en bas : *Madou, 1837.*

> Haut., 29 cent.; larg., 42 cent.

## MEISSONIER

102 — *Valentin.*

> Dessin à la plume.
> Signé, en bas, du monogramme : *E. M.*

> Haut., 26 cent.; larg., 17 cent.

## MÉNARD (René)

103 — *« Le Rageur », forêt de Fontainebleau.*

> Dessin.

> Haut., 30 cent.; larg., 44 cent.

## MILLET

104 — *Les Fermes, à Gréville.*

> Croquis à la plume, rehaussé de lavis.
> Signé à gauche, en bas, du timbre de la vente.

> Haut., 11 cent.; larg., 17 cent.

## MILLET

105 — *Le Chemin montant.*

> Croquis à la plume.
> Signé à droite, en bas, du timbre de la vente.

> Haut., 13 cent.; larg., 20 cent.

## MILLET

106 — *Tête de mouton, profil.*

> Croquis au crayon.
> Signé à gauche, en bas, du timbre de la vente.

> Haut., 13 cent.; larg., 16 cent. 1/2.

## MILLET

107 — *Le Champ.*

>Croquis au crayon.
>Signé à gauche, en bas, du timbre de la vente.
>
>>Haut., 9 cent. ; larg., 14 cent. 1 2.

## MILLET

108 — *Paysages.*

>Trois feuillets de croquis dans un même cadre.
>Signés des initiales.

## MILLET

109 — *Mouvements d'homme et de femme.*

>Croquis à la plume et au crayon.
>Signés des initiales.
>
>>Haut., 18 cent.; larg., 14 cent.

## MILLET

110 — *Le Chemin montant à travers bois.*

>Croquis à la plume.
>Signé à droite, en bas, du timbre de la vente.
>
>>Haut., 11 cent.; larg., 8 cent. 1/2.

## MILLET

111 — *Paysages.*

>Trois croquis à la plume dans un même cadre.
>Signé des initiales.

## MILLET

112 — *Un Pli de terrain.*

Dessin.

Haut., 5 cent. ; larg., 7 cent.

## MILLET

113 — *Croquis de paysan posant son van.*

Dessin à la mine de plomb.

Signé à droite, en bas, des initiales.

Haut., 6 cent.; larg., 6 cent.

## MILLET

114 — *Croquis de paysan, ployé en deux.*

Croquis à la mine de plomb.

Signé à droite, en bas, des initiales.

Haut., 8 cent.; larg., 6 cent.

## MILLET

115 — *Trois Meules.*

Dessin au crayon.

Signé à droite, en bas, des initiales.

Haut., 9 cent.; larg., 12 cent.

## MILLET

116 — *Le Clocher de l'église de Gréville.*

Croquis à la plume.

Signé à droite, en bas, du timbre de la vente.

Haut., 9 cent; larg., 11 cent.

## MILLET

**117 — *Différents croquis d'hommes et de femmes.***

Dessin au crayon.

Signé à droite, en bas, des initiales.

Haut., 19 cent.; larg., 15 cent.

## MILLET

**118 — *Visage de femme.***

Dessin au crayon.

Signé à droite, en bas, des initiales.

Haut., 21 cent.; larg., 19 cent.

## MILLET

**119 — *Les Falaises de Gréville.***

Dessin au crayon.

Signé à gauche, en bas, des initiales.

Haut.. 30 cent.; larg., 45 cent.

## MILLET

**120 — *Passion.***

Dessin à la sanguine.

Signé à droite, en bas, des initiales.

Haut., 17 cent; larg.. 26 cent.

## MILLET

**121 — *Troupeau de moutons et Lapins.***

Deux feuilles de croquis dans un même cadre.

Tous deux signés à gauche, en bas, du timbre de la vente.

## MILLET

122 — *Le Village de Gréville.*

Croquis au crayon.

*Le Moulin à eau.*

Croquis à la plume.
Dans un même cadre.
Signés à gauche, en bas, du timbre de la vente.


## MILLET

123 — *La Roue.*

Dessin au crayon.
Signé à droite, en bas, des initiales.

Haut., 15 cent.; larg., 15 cent.


## MILLET

124 — *La Route.*

Croquis à la plume avec quelques reprises d'aquarelles.
Signé à gauche, en bas, du timbre de la vente.

Haut., 12 cent.; larg., 18 cent.


## MILLET

125 — *Croquis au crayon.*

Trois feuillets dans un même cadre.
Signés des initiales.

## MILLET

126 — *Croquis de mouton, de profil à gauche.*

Dessin au crayon.

Signé des initiales.

Haut., 15 cent. ; larg., 22 cent.

## MILLET

127 — *Dans les bruyères.*

Croquis à la plume, avec quelques reprises d'aquarelles.

Signé à droite, en bas, du timbre de la vente.

Haut., 11 cent.; larg., 17 cent.

## MILLET Fils (F.)

128 — *La Neige sur la meule.*

Pastel.

Signé à droite, en bas : *F. Millet fils.*

Haut., 33 cent. 1/2; larg., 47 cent.

## MILLET Fils (F.)

129 — *Les Colombes.*

Apaisez, blanches colombes,
Votre faim,
Du grain de millet qui tombe
De ma main.
Vieil opéra-comique.

Pastel.

Signé à gauche, en bas.

Haut., 40 cent.; larg., 37 cent. 1/2.

## MILLET Fils (F.)

13o — *Les Chevaux à l'abreuvoir, effet de soleil couchant.*

>Pastel.
>
>Signé à gauche, en bas : *F. Millet fils.*

>Haut., 29 cent.; larg., 39 cent

## MOROT (Aimé)

131 — *La Mort de Baudin.*

>Lavis.

>Haut., 16 cent.; larg., 25 cent

## NÉGELIN

132 — *Portrait de jeune fille.*

>Pastel.
>
>Signé à gauche, vers le bas.

>Haut., 40 cent.; larg., 33 cent.

## NEUVILLE (Alphonse de)

133 — *Les Carrières d'Amérique (environs de Paris).*

>Daté : *Mars 1871.*
>
>Dessin au crayon, avec reprises de blanc et de couleur.
>
>Signé à gauche, en bas, du timbre de la vente.

>Haut., 30 cent; larg., 41 cent.

## NEUVILLE (Alphonse de)

134 — *Croquis d'hommes et de femmes.*

> Daté : *1869.*
>
> Croquis à la plume, rehaussé d'aquarelle.
>
> Signé à droite en bas, du timbre de la vente.

> Haut., 26 cent.; larg., 38 cent.

## NEUVILLE (Alphonse de)

135 — *Soldat mort, renversé sur le dos.*

> Dessin à la plume.
>
> Signé à droite, en bas, du timbre de la vente.

> Haut., 12 cent.; larg., 22 cent. 1/2.

## NEUVILLE (Alphonse de)

136 — *Dragon en faction, de profil à droite.*

> Dessin à la plume.
>
> Signé à gauche, en bas, du timbre de la vente.

> Haut., 34 cent.; larg., 21 cent.

## NEUVILLE (Alphonse de)

137 — *La Gare de Courcelles.*

> Dessin.
>
> Signé à droite, en bas, du timbre de la vente.

> Haut., 29 cent.; larg., 39 cent.

## NEUVILLE (Alphonse de)

138 — *Cavaliers mexicains.*

> Dessin au crayon avec reprises de lavis.
>
> Signé à gauche, en bas, du timbre de la vente.

> Haut., 15 cent.; larg., 22 cent.

## NEUVILLE (Alphonse de)

139 — *Au Marché aux chevaux.*

Dessin au crayon.

Signé à gauche, en bas, du timbre de la vente.

Haut., 18 cent. ; larg., 26 cent.

## NEUVILLE (Alphonse de)

140 — *Poignée et garde d'épée italienne.*

Dessin à la plume et lavis.

Signé à droite, en bas, du timbre de la vente.

Haut., 16 cent. ; larg., 22 cent.

## NEUVILLE (Alphonse de)

141 — *Révolte de Pomscorf : 27 janvier 1853.*

Dessin au crayon.

Signé à droite, vers le bas : *A. Deneuville.*

Haut., 24 cent. ; larg., 19 cent.

## NEUVILLE (Alphonse de)

142 — *Croquis d'officiers étrangers.*

Croquis au crayon.

Signé à gauche, en bas, du timbre de la vente.

Haut., 20 cent.; larg., 13 cent.

## NEUVILLE (Alphonse de)

143 — *Croquis de personnages couchés.*

Dessin au crayon.

Signé au milieu, en bas, du monogramme de la vente.

Haut., 10 cent. 1 2; larg., 17 cent. 1 2.

## NEUVILLE (Alphonse de)

144 — *Au Cabestan.*

Croquis à la mine de plomb.

Signé vers la gauche, en bas, du monogramme de la vente.

Haut., 10 cent.; larg., 17 cent.

## NEUVILLE (Alphonse de)

145 — *Tueur de lions.*

Croquis au crayon.

Signé à gauche, en bas, du monogramme de la vente.

Haut., 10 cent. 1 2; larg., 15 cent.

## NEUVILLE (Alphonse de)

146 — *Croquis au crayon.*

Quatre pages dans un même cadre.
Signé du monogramme de la vente.

## NEUVILLE (Alphonse de)

147 — *Croquis de femme, au crayon.*

Signé à droite, en bas, du monogramme de la vente.

Haut., 13 cent.; larg., 21 cent. 1 2.

## NEUVILLE (Alphonse de)

148 — *Croquis de bataille.*

Croquis au crayon avec des reprises de plume.
Signé à droite, en bas, du timbre de la vente.

Haut., 15 cent.; larg., 24 cent.

## NEUVILLE (Alphonse de)

149 — *L'Interrogatoire.*

Croquis au crayon avec reprises de plume.

Signé à gauche, en bas, du timbre de la vente.

Haut., 25 cent.; larg., 20 cent.

## NEUVILLE (Alphonse de)

150 — *Page de croquis.*

Signé en bas : *A. de N., 27 novembre 1883.*

Haut., 26 cent.; larg., 18 cent.

## NEUVILLE (Alphonse de)

151 — *Deux Incroyables.*

Croquis à la mine de plomb, sur un fond lavé de sépia.

Signé à droite, en bas, du monogramme de la vente.

Haut., 18 cent.; larg., 11 cent.

## NEUVILLE (Alphonse de)

152 —

Deux croquis à la mine de plomb dans un même cadre.

Signé en bas du timbre de la vente.

### NEUVILLE (Alphonse de)

153 — *Croquis pour le tableau des* Dernières Cartouches.

 Croquis à la plume.

 Signé à droite, en bas, du timbre de la vente.

        Haut., 19 cent.; larg., 27 cent.


### NEUVILLE (Alphonse de)

154 — *L'Estafette.*

 Croquis au crayon avec reprises d'encre.

 Signé à gauche, en bas, du timbre de la vente.

        Haut., 27 cent.; larg., 20 cent.


### NEUVILLE (Alphonse de)

155 — *Canons et affûts.*

 Croquis à la plume.

 Nombreuses indications écrites sur la nature du terrain et le détail de la pièce.

 Signé à droite, vers le bas, du timbre de la vente.

        Haut., 20 cent.; larg., 30 cent.


### PALIANTI

156 — *Lapins dans la clairière.*

 Signé à gauche, en bas.

        Haut., 32 cent.; larg., 24 cent.

## PENNE (O. de)

157 — *Chiens de chasse.*

Croquis à la plume.

Signé à gauche, en bas.

Haut., 9 cent.; larg., 13 cent. 1/2

## PRÉVOST (Alex.)

158 — *Le Fumeur.*

Dessin à la mine de plomb.

Signé à droite, en bas.

Haut., 26 cent. 1/2 ; larg., 22 **cent.**

## RAFFET

159 — *La Bataille d'Aboukir.*

Sépia.

Haut., 10 cent.; larg., 14 cent.

## RIBOT

160 — *Jeune fille en tenue de ville, debout.*

Dessin à la plume.

Signé à droite, en bas : *T. Ribot, 1871.*

Haut., 17 cent. ; larg., 10 cent.

## RIBOT

161 — *Jeune femme en toilette de ville, debout,
de profil à gauche.*

Dessin à la plume.

Signé à droite, en bas : *T. Ribot, 1871.*

Haut., 17 cent.; larg., 10 cent.

## STEVENS (A.)

162 — *L'Automne.*

Dessin à la plume.

Signé à gauche, en bas.

Haut., 58 cent.; larg., 23 cent.

## STEVENS (A.)

163 — *Lady Macbeth.*

Pastel.

Signé à gauche, en haut.

Haut., 81 cent.; larg., 59 cent.

## STEVENS (A.)

164 — *La Lune sur la mer.*

Pastel.

Signé à gauche, en bas : *Alfred Stevens*, avec une dédicace à F. Gérard.

Haut., 32 cent.; larg., 23 cent.

## STEVENS (A.)

165 — *Harmonie bleue.*

Pastel.

Signé à gauche, en bas, du monogramme.

Haut., 32 cent.; larg., 23 cent. 1/2.

## VERBŒCKHOVEN (Eugène)

166 — *Moutons dans la campagne.*

Dessin à la plume avec quelques reprises de lavis.

Signé à droite, en bas : *Eugène Verbœckhoven, f. 1837.*

Haut., 8 cent.; larg., 10 cent.

## VEYRASSAT

167 à 173 — *Cadres contenant des dessins de Veyrassat.*

Signés du monogramme de la vente.

## ZUBER-BUHLER

174 — *Fantaisie décorative.*

Dessin au crayon.

Signé à gauche, en bas, du timbre de la vente.

Haut., 35 cent.; larg., 44 cent. 1/2.

## ZUBER-BUHLER

175 — *Sourires et larmes.*

Pastel.

Signé à droite, en bas, du timbre de la vente.

Haut., 59 cent.; larg., 48 cent.

9 782329 525006